電波社

必ずうまくなる!!
バスケットボール
基本と練習法

はじめに

練習の幅を広げ、プレーの質を高めよう

　バスケットボールがうまくなって、試合に出て活躍したい――。

　プレーを始めてチームに所属した選手、誰もが抱く思いですが、レベルが上がるにつれてコンスタントに試合に出ることが難しくなることがあります。

　練習ではシュートが決まるのに、試合ではシュート率が上がらない…。もしかすると試合を想定した練習メニューになっていないかもしれません。

　ドリブルの練習を人一倍しているのに、ミスにつながってしまう…。ひょっとすると状況に即したプレーを備えていないか、もしくは適切なプレーを選択できていないのかもしれません。そんなみなさんの悩みを解決できるように「こまりごと」を整理して打開するきっかけを紹介していきます。

　そして試合に出るためにはそうした個人プレーだけでなく、チームメイトを生かすパスや相手の攻撃を苦しめるディフェンス力も求められます。

　試合時間をコート上の10人で割ってみてください。一人がボールに触れる時間は数分です。他に選手交代があれば、ボールに誰も触っていない時間も考え合わせると、一人の選手が試合でボールに触れている時間というのはみなさんが考えている以上に短いのです。それだけにボールを持っていない時間帯も含めたプレーの質を高めることが大切なのです。

　その質を高めるためにボールを使ったシュート、ドリブル、パスの練習内容に加え、ボールを持っていない時の判断やディフェンスについても向上させていく必要があります。さらに「身体の使い方」にも目を向けてほしいと思います。プレーする際の姿勢など細かい内容となりますが、そうして練習の幅を広げて土台を築くことがレベルアップを促すと考えているからです。

　さあ、まずはシュートについて見ていきましょう！

必ずうまくなる!! バスケットボール 基本と練習法

Contents

2　はじめに

7　第1章　シュート力を高める

8	こまりごと	良いシュートフォームがわからない
10	こまりごと	シュートがまっすぐ飛ばない
12	こまりごと	シュートの距離の調整が苦手
14	DRILL	距離の調整力を身に付けるドリル
15	DRILL	シューティングドリル
16	こまりごと	シュートの前にバランスを崩してしまう
18	DRILL	動きながらシュートを決める
19	DRILL	ディフェンスにブロックされないように素早く打つ
20	こまりごと	ディフェンスにブロックされてしまう
22	こまりごと	家でもできる練習が知りたい

23　第2章　これだけはおさえたいファンダメンタル

24	こまりごと	良い姿勢ってどんな姿勢？
26	こまりごと	バランスを崩しやすい
27	こまりごと	キャッチミスをしてしまう
28	こまりごと	パスをもらってすぐに攻められない
30	こまりごと	つき出しにトラベリングをしてしまう
32	こまりごと	止まったときにボールを奪われてしまう①
34	こまりごと	止まったときにボールを奪われてしまう②
36	こまりごと	ボールが手につかない
38	こまりごと	ドリブル中にミスをしてしまう①
42	こまりごと	ドリブル中にミスをしてしまう②
44	こまりごと	ケガをしてしまったときのドリブル練習

45	**第3章　1on1の力をつける**	
46	こまりごと	1on1で相手を抜けない
47	こまりごと	いろいろな技があって何を使ったらいいかわからない
48	ドリブルの優先順位①	オンサイドアタック
50	ドリブルの優先順位②	チェンジオブディレクション
54	ドリブルの優先順位③	左右のプリモーション
58	ドリブルの優先順位④	前後のプリモーション
62	ドリブルの優先順位⑤	チェンジオブペース
62	ドリブルの優先順位⑥	プロテクトスタンス
62	ドリブルの優先順位⑦	クローズドスタンス
64	こまりごと	ボールを持った状態からの1on1で抜けない
66	こまりごと	間合いをつめてくる相手が苦手
67	こまりごと	ドライブ中にぶつかってバランスを崩してしまう
68	こまりごと	ドリブルが終わった瞬間にディフェンスに囲まれてしまう

69	**第4章　レイアップシュートを確実に決める**	
70	こまりごと	試合中のレイアップシュートが入らない
72	こまりごと	レイアップシュートをブロックされてしまう
74	PLAY	バックシュート
76	こまりごと	レイアップの途中でボールを奪われてしまう
78	こまりごと	背の高い選手をかわせない
80	こまりごと	ゴール付近に行くけど止まってしまう

81	**第5章　パスがうまい選手になる**	
82	こまりごと	パスミスが多い
84	こまりごと	チャンスの瞬間にパスが出せない①
86	こまりごと	チャンスの瞬間にパスが出せない②
88	こまりごと	パスを出すときに自分のマークマンにカットされてしまう
90	こまりごと	パスのタイミングが合わせられない

92	こまりごと	ボールを持っていないときにどう動いたらよいかわからない①
94	こまりごと	ボールを持っていないときにどう動いたらよいかわからない②
96	こまりごと	速攻中の判断に迷ってしまう

99　第6章 ディフェンスで活躍する

100	こまりごと	いつも簡単に抜かれてしまう①
102	こまりごと	いつも簡単に抜かれてしまう②
106	こまりごと	オフェンスの正面に入るのが怖い
107	こまりごと	抜きに来る方向を予測できない
108	こまりごと	もっとプレッシャーをかけたい①
110	こまりごと	もっとプレッシャーをかけたい②
112	こまりごと	もっとプレッシャーをかけたい③
114	こまりごと	リバウンドが取れない

115　第7章 身体の使い方を向上する

116	思った通りに身体を動かすために	ジョイント・バイ・ジョイントと体幹刺激
117	思った通りに身体を動かすために	コーディネーショントレーニングとは
118	ドリル①	ベアの姿勢
118	ドリル②	ボール転がしストップ
119	ドリル③	キャット&ドッグ
119	ドリル④	胸椎の動きを高めるストレッチ
119	ドリル⑤	足上げボールタッチ
120	ドリル⑥	バランス回転シュート
122	ドリル⑦	カップリング

| 124 | あとがき |
| 126 | 自宅でできる検定トレーニング | 自主練習検定カード |

第1章 シュート力を高める

第1章 シュート力を高める

こまりごと　良いシュートフォームがわからない

自分に合ったフォームを見つけよう

シュートが決まるように練習することは大切です。でもシュートの技術は複雑で、なかなか自分に合ったシュートフォームを見つけるのは難しいので、「外れる原因を取り除いていく」という考え方でフォームを作っていきましょう。

そのための原則は3つに整理することができます。
・ボールをまっすぐに飛ばす
・狙った距離にボールを飛ばす
・リングの上からボールが落ちる

これらの原則に適ったシュートになるような基本姿勢を細かく見ていきましょう。

利き手
利き手側の手のひらを開いて、ボールにしっかり付けます

利き手のひじ
肩からひじのラインがリングに向くようにします。「ショルダーエルボーライン」と呼びます

逆の手
逆の手はボールをしっかりと支えられるように持ちます。シュートを打つ瞬間に、「ガイドハンド」として小指をシューティングラインに向けるように開きます

スタンス
両足を肩幅くらいに開きます。狭すぎると、動きのあるシュートを打つ時に身体がブレやすくなるので、広めのスタンスでシュートを打つようにしましょう

姿勢

猫背など、姿勢の悪さはボールに伝わる力を減らす要因になります。肩から腰にかけて、背筋がピンとまっすぐになっている姿勢が理想です

利き手の手首

ボールをしっかり下から支えるように曲げます。これを「コック」と言います

リフトプッシュ

手首とひじの角度

ボールの下にひじがくるようにします。ボールの中心を押し出すためにはとても重要です

NG シュートが外れる原因は？

ひじを開いてかまえると、ボールがまっすぐに飛ばない原因となってしまいます

手首で「コック」が作られていないため、ボールがリングの上から入りにくい状態となっています。つまりボールの軌道が低くなってしまうということです

第1章 シュート力を高める

こまりごと　シュートがまっすぐ飛ばない

ワンハンドシュートを打ってみる

　ワンハンド（片手）シュートのかまえから実際にシュートを打ってみましょう。両手でシュートを打つ「ツーハンド」の選手は『ワンハンドだけ？』と思うかもしれませんが、世界に目を向けると男女問わずワンハンドでシュートを打つのが基本になっています。

　実際に私たちも全員にまずはワンハンドシュートをトライしてもらいながら、自分に合ったフォームを見つけてもらっています。

　ボールが左右に曲がるのは、そもそもボールの中心をまっすぐ押し出せていないからです。ボールの中心にかかる指（シューティングフィンガー）がまっすぐリングに向かってボールをスナップできるように自分のフォームをチェックしましょう。

　フォロースルー（シュートを打った後の状態、姿勢）を止めることで、シュート動作が安定しやすくなります。また、自分の悪い動きにも気づきやすくなるので、フォロースルーを止めて自分のフォームをチェックしながら練習しましょう。

　スマートフォンやタブレットで正面から自分のフォームを撮影するのもお勧めです。

POINT
ポイントを一つ一つチェックして自分のシュートフォームを作ろう

男子選手のワンハンドシュート

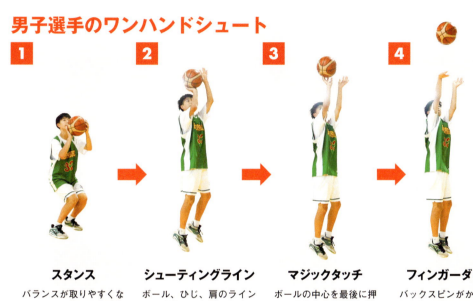

1 スタンス
バランスが取りやすくなるので、スタンスは肩幅かそれよりも少し広めにします

2 シューティングライン
ボール、ひじ、肩のラインが一直線でリングに向くようにします

3 マジックタッチ
ボールの中心を最後に押し出す指を決めて、ボールの転がりを調整しながらまっすぐに飛ばします

4 フィンガーダウン
バックスピンがかかるように打ち終えた後、手首を曲げて指先が下に向くようにします

女子選手のワンハンドシュート

11

第1章　シュート力を高める

こまりごと　シュートの距離の調整が苦手

ゴールとの位置関係とボールの軌道

　「速さ×時間＝距離」という公式を習いましたか？バスケットボールをこれに当てはめるとシュートの飛距離は、速さ（指先からボールが離れる時の初速）×時間（ボールの滞空時間・アーチの高さ）ということになります。

　時間（ボールの滞空時間）はアーチの高さ、つまり上向きの速度で変わります。つきつめればシュートの距離感というのはボールに伝わる「速度」の感覚だということになります。シュート練習で飛距離を調整する際には、ボールに伝わる速さの感覚を感じながら練習することが大事です。

シュートが入りやすいアーチになっているか確認しよう

自分とリングの中間点でちょうどアーチの最高点が来るようなイメージで打ちましょう

POINT　リングの上からボールが落ちてくるイメージで

アーチが低すぎると、ボールにとってリング面積がせまくなり、入りにくくなります。ただ、アーチが高すぎると、道のりが長くなるので、左右にぶれてしまうシュートはそのブレの影響が大きくなって入りにくくなります。まっすぐ打つ技術を高めながら、徐々にアーチを上げていけるとよいでしょう

一定の速さ、一定の高さでバックスピンのかかったシュートを打ちます

COLUMN
ふわふわっと宙に浮くのはなぜ？

　バックスピンが強いシュートにはマグヌス効果という浮力がかかるので、ほんの少しですが長く空中に浮くようなシュートになります。
　それでいて最後は重力加速度が浮力を上回るのでボールがリングに吸い込まれるようなシュートになります。上手な選手のシュートが滞空時間が長く感じたり、ふわふわとボールが飛んでいるような感じに見えるのはそのためです。
　ぜひ、ふわふわっとボールが長く宙に浮くような、バックスピンの強いシュートを目指してください

第1章 シュート力を高める

DRILL 距離の調整力を身に付けるドリル

スキーマシューティング

　ゴール近辺のシュート、フリースローを含めたミドルレンジからのシュート、そして3ポイントシュートと、試合ではいろいろな距離のシュートを打つ機会がおとずれます。

　では、それぞれシュートフォームを変える必要があるかというとそうではありません。基本的にはフォームを変えず、ボールを放つ時のスピード「初速」を変えます（12ページ）。シュートを打つ時の『この距離なら、このくらいの初速だな』とコントロールする感覚は「スキーマ」と呼ばれています。このスキーマを磨けるようにゴール近辺から1歩ずつ下がってシュートの距離をのばす練習をしましょう。

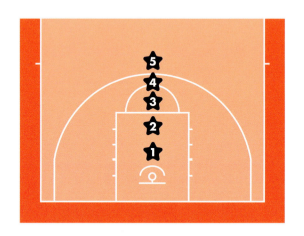

1 ゴール下でシュートの体勢をとります

シュートを確実に決めます

2 ゴール下のシュートが決まったら、1歩後ろに下がります

3 シュートが決まったら、さらに後ろに下がります

4・5 3ポイントシュートを決められるように、シュートのエリアを広げていきましょう

POINT
シュートが届かないときは

シュートを打つ時にひじを上げようとしてしまう選手が多いのですが、イメージは「手首を前に押し出す」です。上方向の速度は足がメインで作り、前方向への速度は腕がメインで作ります。下半身から伝わるエネルギーを腕で前方向にプッシュするという感覚でワンハンドシュートを練習してみましょう。

14

DRILL シューティングドリル

4本シューティング

　どの距離からのシュートでも同じフォームで、安定して決められることが大切です。これを「再現性」と言います。それを向上させることによって自分のシュートの特徴を知ることができます。

　ところが実際には、いつも通りシュートを打っているつもりでも左右にぶれたり、距離がずれることがあります。その時に求められるのが「修正力」です。

　横にずれているなら、ボールがまっすぐに飛ぶように修正し、距離がずれているなら初速をコントロールして、リングに当たらないシュート「スウィッシュ」になるように修正しましょう。

POINT

4本中3本決まれば合格

同じ距離の場所でシュートを打つので、同じ外し方をしないように「修正」、入ったら同じフォームを「再現」できているか確認できる練習です。曲がったならまっすぐ打てるように。距離を修正する場合は「マジックタッチ」を使います。4本中3本以上が合格ラインです

ゴール近くでシュートの体勢をとります

自分が放ったボールの軌道や届いた地点を確認します

リングの奥に当たったら、次のシュートで初速を落とします

リングの手前に当たったら、次のシュートで初速を上げます

リングに当たらないシュート「スウィッシュシュート」を安定して決められるのが理想です

第1章 シュート力を高める

こまりごと　シュートの前にバランスを崩してしまう

左右交互に着地させる

　ボールをキャッチした直後、1、2のリズムで左右交互に足を着地させて止まる技術は「ストライドストップ」と言います。ディフェンスのプレッシャーが厳しくない時には、インサイドフット（リングに近いほうの足）から着地させるのが基本です。

　この1歩目は「ブレーキフット」と呼ばれていて、2歩目として添える足は「バランスフット」と言います。

　基本は1歩目のインサイドフットのつま先をリングに向けること。そうすることで身体全体がリングに正対しやすく、バランスが保ちやすくなりますが、つま先の方向も個人差があるので自分に合った体勢を見つけましょう。

　ただしこのストライドストップはノーマルなステップのため、ディフェンスに対応されやすい側面もあるので、20ページで紹介するステップとうまく使い分ける必要があります。

　また、選手の多くは左右どちらかの足をブレーキフットにしようとする傾向があります。ディフェンスに対応されにくいように、写真のように左右どちらの足もブレーキフットにできるように練習しましょう。

左足がブレーキフット

自分の前にボールを弾ませて練習します

右足がブレーキフット

上の写真とは逆足のパターンの練習です

左足がブレーキフットとなります

身体をリングに向けながら
しっかりと止まります

右足をバランスフットとして
添えてシュート体勢に入ります

右足がブレーキフットとなります

身体をリングに向けながら
しっかりと止まります

左足をバランスフットとして
添えてシュート体勢に入ります

第1章 シュート力を高める

DRILL 動きながらシュートを決める

チェイサーシューティング

試合ではゆっくり止まってシュートを打つ機会はなかなかありません。そこで練習から動きを入れたシューティングを行います。走るスピードが止められず、バランスが崩れないように気を付けましょう。

一人ずつ

1. 先頭の選手以外がボールを持ってゴール下に並びます
2. 先頭の選手が3ポイントラインの外に設置したコーンまでダッシュ
3. スピードをしっかりと止めてパスを受けてシュート

二人同時

1. 二人同時に行い競争します
2. いち早くシュートを打てるようにダッシュします
3. しっかりと止まってシュートを打ちます
4. シュートボールを速やかに拾って次に並んでいる選手にパスをします

DRILL ディフェンスにブロック
されないように素早く打つ

ブロックシューティング

　（前ページの）チェイサーシューティングと同様にコーンまでダッシュし、しっかりと止まってシュートを打つ練習ですが、ここではパスを出した選手がディフェンスとなりブロックに入ります。

　シュート練習になるようにダミー（見せかけの）ディフェンスとするか、それともゲームライクの1対1を想定してブロックするかは練習の目的に応じて決めます。なお、ディフェンスのブロックについては112ページを見てください。

先頭の選手以外がボールを持ってゴール下に並びます

先頭の選手が3ポイントラインの外に設置したコーンまでダッシュ

パスを出した選手がディフェンスとなり、ブロックの体勢をとります

パスを受けた選手はブロックされないようにシュートを打ちます

19

第1章 シュート力を高める

こまりごと　ディフェンスにブロックされてしまう

素早くシュート動作に持ち込む

　16ページでは、進行方向に対して内側「インサイドフット」をブレーキフットとする、ノーマルな止まり方を紹介しました。そのステップのリズムをディフェンスが対応しそうな時には、ステップの工夫が求められます。

　上の写真はリングから遠いほうの足「アウトサイドフット」を先に着地させるステップで「オープンステップ」とも呼ばれています。

　そして下の写真は両足を同時に着地させる止まり方です。「ジャンプストップ」と呼ばれるステップですが、素早くシュートに持ち込むため低空でステップを踏んでいる場合には「クイックホップ」とも言います。

　ボールをもらう前からひざを曲げておきキャッチと同時にジャンプができるようにしてシュートに素早く持ち込めるようになりましょう。

オープンステップ（右足ブレーキ）

自分の前にボールを弾ませて練習します

クイックホップ

自分の前にボールを弾ませます

20

右足がブレーキフットとなります

身体をリングに向けながらしっかりと止まります

左足をバランスフットとして添えてシュート体勢に入ります

両足同時に浮かせ、低空のジャンプをします

両足同時に着地させます

シュート体勢に入ります

第1章 シュート力を高める

こまりごと 家でもできる練習が知りたい

あおむけシューティング

　家の中でもできるシューティングがあります。あおむけになってボールを利き手で支え、天井に向かってボールにバックスピンをかけながらリリースする「あおむけシューティング」という練習です。

　あおむけになることで下半身などの部位が使えなくなるため、手首から指先にかけての動き、特に「マジックタッチ」（11ページ）を意識することができます。

　また、肩が床から離れ前後左右に動いてしまうと、ボールが手元に戻ってこないので肩が地面についたままボールを押し出せるように意識して取り組んでください。

あおむけになってボールを利き手で支えます

マジックタッチを意識してボールの中心を押し出します

ボールの軌道が真上になっているか確認します

手元にボールが戻ってくれば成功です

第2章
これだけは
おさえたい
ファンダ
メンタル

第2章 これだけはおさえたいファンダメンタル

こまりごと 良い姿勢ってどんな姿勢？

シュート、パス、ドリブル、何でもできる姿勢を

試合の明暗を分ける原因の一つに「ミス」があります。ここで挙げるミスは『シュートを外した』ことを意味するシュートミスではなく、ドリブルやパスなどシュートチャンスを作り出す過程で自滅することです。

なぜそのようなミスが試合中に起こるかというと、多くの場合、ファンダメンタル（基本プレー）が足りていないからだと考えられます。

ディフェンスにプレッシャーをかけられてバランスを崩してしまう。ゴール方向にドリブルしようとした瞬間、一歩多くステップを踏んでしまい、トラベリングしてしまう。そうした事態を避けるためにもファンダメンタルが欠かせないのです。

まずはシュート、パス、ドリブル、何でもできる姿勢「トリプルスレット」から見ていきましょう。上半身と下半身を一つのかたまりにするイメージで姿勢をとり、各部位のポイントをチェックしてみてください。

顔
まわりの状況がわかるように顔を上げます。これを「フェイスアップ」と言います。

スタンス
左右どちらにも動きやすく、かつ前方向に加速しやすくするためには、スタンスはやや斜めに構えておくと動きやすくなります。

ひざ
次のプレーに移行しやすいようにひざを適度に曲げます。

腰
骨盤が後ろに傾かないようにし、背筋をのばします

手首
次のプレーに移行しやすいように手首を曲げます。これを「コック」と言います

足の角度
地面をしっかりとらえ、力を発揮できるように、角度を作ります。これを「プッシュオフアングル」と言います

NG

トリプルスレットの姿勢しっかりとれていますか?

このような姿勢だと次のプレーにスムーズに移行できません

前かがみ / **猫背** / **内股**

第2章 これだけはおさえたいファンダメンタル

こまりごと バランスを崩しやすい

力強く、バランスのいい姿勢を備えるために

基本姿勢として足のスタンスが広がっていることが大切です。そして足と地面で作る角度が、脚力が伝わる角度に相当します。床に対する、股関節から足先までの角度はだいたい45度くらいと言われています。腰を落とし、足の幅が広ければ良いというわけではありません。自分が一番踏ん張れる角度を見つけるためにパートナーに押してもらいましょう。

1 パートナーが腰のあたりを両手で押します。その力に耐えられるようなスタンスと、足の角度を作ります

2 パートナーが腰を押したときと同じくらいの強さで肩を押します。その力に耐えられるように強くかまえます

NG
上半身の四角形が崩れないように

押される力に負けてしまい、頭が体の外側に来てしまったり、上半身の四角形が崩れてしまうと、バランスを保つことができなくなってしまいます

こまりごと　キャッチミスをしてしまう

強い勢いに慣れ、落下地点を予測する

　試合中に強いパスが来て取れないことはありませんか？　動きながらどこにボールが落ちてくるかを予測し強い勢いのボールをキャッチできるようにしていきましょう。こうしたファンダメンタルを繰り返すことにより、習慣として身に付きます。

一人で行う

1　ボールを高く持ち上げます
2　自分の前に強く打ち付けます
3　ボールの勢いを止めながら手のひらをボールに向け、ひざより下でキャッチをします

二人で行う

1　パートナーがボールを強く打ち付けワンバウンドさせます
2　弾んだボールにタイミングを合わせ、落下地点を予測します
3　ボールの勢いを止めながら2バウンド目のボールをひざより下でキャッチします。この時手のひらはボールへ向けます

第2章 これだけはおさえたいファンダメンタル

こまりごと

パスをもらってすぐに攻められない

動き方を工夫してパスを受ける

　ウイング（ゴールから見て45度のエリア）にいるボールマン（ボールを持つ選手）からパスを受けようと、トップ（ゴール正面のエリア）から動き出しているシーンです。

　パスを受けて攻撃しようとする動きに対してディフェンスも間合いをはかって対応してきます。そこでディフェンスの動きに応じてボールをもらう方向やタイミングを工夫する必要があります。例えば相手がパスコースに入りそうならボールマンに近づき、パスコースにすでにいるならボールマンから離れるかゴールにカットします。

　また相手との間合いがある時には、あえてディフェンスに近づきながらパスを受けるプレーも効果的です。大事なことはボールを受ける前に自分のディフェンスがどのような状況か確認することです。自分が有利になれるよう、ボールのもらい方を工夫しましょう。

ボールに近づく
（ディフェンスが遅れている場合）

ウイングから出されたパスに近づきます

確実にボールをキャッチします

ディフェンスがずれている場合は抜きにいきます。ディフェンスがいる場合はトリプルスレットの姿勢をとりましょう

ボールから離れる

ウイングから出されたパスから離れます

ボールとディフェンスの動きを見ます

確実にボールをキャッチします

ディフェンスがずれている場合は抜きにいきます。ディフェンスがいる場合はトリプルスレットの姿勢をとりましょう

ディフェンスに近づくストライドストップ

1. 前に出ながらパスを受ける準備をします
2. ディフェンスとの間合いをつめます
3. ゴールに近いほうの足を軸足にします
4. トリプルスレットの姿勢をとります

ディフェンスに近づくジャンプストップ

1. 前に出ながらパスを受ける準備をします

2. 相手との間合いをつめながら低空でジャンプ

3. 両足同時に着地します

4. トリプルスレットの姿勢をとり、どちらを軸足にするか判断します

第2章 これだけはおさえたいファンダメンタル

右に抜く

右からのパスを受ける状況です

左に抜く

左からのパスを受ける状況です

> こまりごと

つき出しに トラベリングを してしまう

パスを受けた瞬間、 ボールを床に落とす

　1on1（1対1）のドリブルについては後述しますが、チームメイトから自分のところにパスが来た時、ステップ無し、またはきわめて小さいステップでボールを足元につき刺すドリブルを「スタブドリブル」と言います。ボールミートの際の応用なので、ここで紹介しましょう。

　ディフェンスがほんの少しだけ遅れていて、キャッチをしてゆっくりステップを踏んでいると追い付かれてしまう時に、地面につき刺すようにボールを落とし一気に抜きます。

ボールの勢いを
止めないで動かします

そのままフロアに落とします

ディフェンスの
裏を素早くつきます

ボールの勢いを
止めないで動かします

そのままフロアに落とします

ディフェンスの
裏を素早くつきます

第2章 これだけはおさえたいファンダメンタル

こまりごと

止まったときにボールを奪われてしまう①

身体の向きを変えてチャンスを見つける

　バスケットボールには『3歩以上歩けない』という競技特性があります。そこをついてプレッシャーをかけてくるディフェンスに対し、身体の向きを変えながら次のプレーのチャンスを探すスキルがピヴォットです。

　軸足（ピヴォットフット）をフロアにつけたまま、自由に動かせるフリーフットを移動させて身体の向きを変えるのです。

　軸足の母指球（足の親指と土踏まずの間の固い部位）で地面をとらえ、かかとを浮かすこと。そして上半身がねじれないように安定させて、必要に応じて使うことがポイントです。

クロス

1　ボールマンが左足を軸足に、右足をフリーフットでかまえ、相手から取られない位置にボールをかくし持ちます

2　逆サイドにボールを動かします

3　ボールの動きにともない、フリーフットを動かします

NG　ディフェンスのプレッシャーに注意！

軸足（写真では左足）の母指球に重心を乗せず身体を後傾させてしまうと次のプレーに移行できません

POINT　ゴールを見よう！

この時、下を向かずにゴールを見るために、常に顔を上げましょう！

フロントターン

1 ゴールに背を向けた状態です

2 ボールを守りながらフリーフットを動かします

3 軸足が離れないようにしかかとだけを上げ身体の向きを変えます

4 ゴールを正面にしてチャンスをうかがいます

リバース

1 ゴールに背を向けた状態です

2 フリーフットを引くようにして動かします

3 軸足が離れないようにしかかとだけを上げ身体の向きを変えます

4 次のプレーを的確に判断します

第2章　これだけはおさえたいファンダメンタル

リップ

こまりごと

止まった ときに ボールを 奪われて しまう②

相手に取られない ように動かす

　ボールをずっと同じところに止めておくと相手に取られてしまいます。そこでボールを動かすスキル「ボールムーブ」が必要となります。

　フリーフット側にあるボールをクロスさせて次のプレーに移行したり、軸足側に置いたボールを逆に移動させるなどプレーの選択肢を広げる意味でも大切なスキルなので1on1のシーンを想定して練習してみましょう。

おなかの前でボールを動かすリップ（Rip、切り裂くの意味）は、その文字通りディフェンスとの空間を切り裂くようなイメージで、真横に素早くボールを動かします

ワイプ

頭上にボールを持っていって移動させるワイプ（Wipe、窓などをふくという意味）はその文字通り、車のワイパーのように頭の上を動かします

スワイプ

ボールをひざの下に下げながら素早く移動させるスワイプ（Swipe、ゴルフのような大振りという意味）はその文字通り、腕をのばして強くボールを振ります

ディフェンスをつけてリップを練習します

ディフェンスをつけてワイプを練習します

ディフェンスをつけてスワイプを練習します

> **POINT**
>
> ## ボール→ユー→マン
>
> ディフェンスにボールを奪われないためには、「ボール→ユー→マン」の原則が重要です。
> どういうことかというと、ボールとマン（ディフェンスマンという意味）の間にユー（自分の身体）があるようにしなさいという意味です。
> そのため、ボールがディフェンスの前を横切る瞬間というのが、最も危ない瞬間であると言えます。
> この3つのボールムーブをマスターすることで、相手にボールを奪われることは減っていくでしょう。もちろん、ピヴォットのスキルと同時に使いこなせるようになることが重要です

第2章 これだけはおさえたいファンダメンタル

こまりごと

ボールが手につかない

失敗をおそれず素早く動かす

　ボールに慣れたり、ボールを手になじませることを目的とした練習です。ゴールを使わずにその場でできるので、ゴールを使えない時間なども有効に使って行ってみましょう。

　いろいろなメニューがありますが大事なのは確実に行うことだけではありません。ミスをおそれずできるだけ速く行うこと。ミスしそうになった時の修正力もレベルアップを促すからです。

　すべてのメニューを連続して行うタイムレース「ハンドリングタイムアタック」をしてみましょう。メニュー横の（）は回数を示しています。初級は2分以内、中級は1分30秒以内、上級は1分以内、速い人は45秒前後ですべて終わります。

ボディサークル（左右10周）

おなかのまわりでボールを周回させます。逆回りも行います

フットサークル（左右10周）

足のまわりでボールを周回させます。左足10周、右足10周行います

持ちかえ前後（前後持ちかえ20回）

両手を前から出して両足の間でボールを持ち、ボールを浮かせて手を離した後、素早く後ろに両手を回してキャッチします

持ちかえクロス（クロス持ちかえ 20 回）

両足の間でボールをクロスさせて持ち、ボールを離した後、素早く両手を入れかえてキャッチします

肩越しボール上げ（左右 10 回）

ボールを背後に持っていき、頭上を越えるように投げ上げて逆の手でキャッチ。逆も行いましょう

背面キャッチ（前後 1 往復）

頭上を越えるように前からボールを投げ上げ、素早く両手を後ろに回してキャッチ。背中から投げ返されたボールを前でキャッチします

第2章 これだけはおさえたいファンダメンタル

こまりごと

ドリブル中にミスをしてしまう①

身体操作の向上も目的とする

　ドリブルは5本の指の腹、手のひらを使ってコントロールします。

　ボールを動かしたい方向に手のひらの向きを変えますが、いろいろな方向にいろいろなタイミングでドリブルをつけるようなドリルを10個紹介します。

　前半は止まったまま連続で20回、レッグスルーのドリルからはサイドラインからサイドラインまでノーミスで行けたらクリアです。行きは前向き、帰りは後ろ向きに進みます。失敗したらそのレベルをやり直します。

　失敗をおそれ、小さく動かしてクリアしても意味がありません。失敗しそうなところを頑張ってコントロールすることでドリブルハンドリングが向上します。ぜひ全レベルクリアできるように頑張ってください。

1. パウンドドリブル

5本の指を開いてボールを手に長くおさめられるように強くつきます。顔を上げ、すぐに動き出せるスタンスでかまえ、逆の手でも行います

2. フロントチェンジ

右ひざから左ひざ間をボールが来るように、体の前で大きくボールを左右に持ちかえます。指先を下に向けるようにすると上手くいきます

3. 片手で左右に動かす

腕を動かし、手のひらの向きを変えて片手で大きく左右にチェンジをします。指先を下に向けるようにするとスムーズにドリブルをつくことができます。逆側の手も同様に行いましょう

4. 片手で前後に動かす

ひじをのばして片手でボールをつき、ひざの前からお尻のほうまで来るように前後に動かします。
ついた手でボールを受け止め、逆の手でも行います。先を下に向けるとスムーズに行えます。逆側の手も同様に行いましょう

5. ワンドリブルからレッグスルー

一度ボールをついた後、ドリブルと逆の足を前に両足の間にボールをつきます。
逆の手でボールを受けワンドリブルをし繰り返します

6. 連続レッグスルー内側通し

前項ではボールを一度フロアについてから両足の間につきましたが、ここではレッグスルーを連続して行います。
ドリブルをしている手とは逆の足を前に出して足の間を通します

第2章 これだけはおさえたいファンダメンタル

7. 連続レッグスルー外側通し

前ページではドリブルしている方と逆の足を前に出しましたが、
外側通しの場合はドリブルしている足と同じ足を前に出してボールを足と足の間に落とし逆の手に持ちかえます

8. 2ステップ連続レッグスルー

右足・右足・左足・左足と2ステップを踏みながら進んでいきます。1歩目で足の下を通し、2歩目で元の手に戻します。
これを繰り返して行います

9. スキップ内側回し

3歩目で2ステップを踏みながら前足の前を1周させ再び歩き出します

10. スキップ外側回し

レベル9の外側レッグスルーバージョン。3歩目で2ステップを踏みながら前足の前を1周させ再び歩き出します

第2章 これだけはおさえたいファンダメンタル

> こまりごと

ドリブル中にミスをしてしまう②

実戦をイメージしてドリブルを身に付ける

　手のひらにボールが付いている状態でスキルが発揮できるようになると、ミスが減ります。

　大事なことは、ドリブルを強くつくことと、それを5本の指でしっかりと受け止めることです。そうすることで、ダブルドリブルにならずに長く手のひらでボールを支えることができます。

　手のひらにライトが点いていると思って、そのライトが天井を照らしてしまうとダブルドリブルになります。手のひらのライトは地面を照らしたままドリブルができるように練習しましょう。

プッシュ・プル

プッシュ：ボールを押し出します。
プル：肩甲骨を引きボールを引きよせます

Lドリブル

身体の横についていたボールを大きく後ろに引き、「Lの字」を描くようにつきます

スプレッドドリブル

横に大きくボールをひっぱり移動させます。手のひらが上を向かないように気をつけましょう

インサイドアウト

手にボールをつけたまま身体の中心に移動させて外側にボールをつきます

第2章 これだけはおさえたいファンダメンタル

こまりごと ケガをしてしまったときのドリブル練習

ドリブル世界一周

　長座の姿勢から身体のまわりでボールを動かしていきます。自分の身体を地球と見なして、ボールを世界一周させてみましょう。身体の逆側にボールを移動させる際、左右の手でボールを持ちかえないため、あおむけ状態から一度、うつぶせ状態になってドリブルを継続します。このような楽しい練習を通じて、どんな体勢でもドリブルを継続できるスキルが身に付きます。5本の指がしっかりとついていないとボールはどこかへ行ってしまうので要注意です。

第3章 1on1の力をつける

第3章　1on1の力をつける

こまりごと　1on1 で相手を抜けない

状況を整理して プレーを選択する

　1on1 で相手を抜くために大事なことは、ディフェンスが動きにくいタイミング、動きにくい方向を狙うということです。

　どんなに素晴らしい脚力を持った選手でも、地面に足がついていない瞬間には地面を蹴ることは出来ません。

　足が地面についてない瞬間、重心移動を始めた瞬間、スタンスが悪くなった瞬間を狙って 1on1 をしかけられるようになりましょう。

　そのためにも、どうやったらディフェンスの足が動くのか、重心移動が始まるのか、スタンスが悪くなるのか、それを感じることとそれを実現するためのスキルを身につけていくことが必要です。

　本章の前半は一人目のディフェンスを抜く3ポイントライン付近の「エリア1」で使うスキルの優先順位とお勧めの技を紹介していきます。

POINT
ディフェンスを抜く時のポイント

・ボールを持ったらシュートを狙う
→ディフェンスの手が上がり反応してくれたら抜きやすくなります

・ディフェンスの前に出ている足を抜きに行く
→前に出ている足を抜きに行くとディフェンスは反応が遅れるので抜きやすいです

こまりごと ## いろいろな技があって何を使ったらいいかわからない

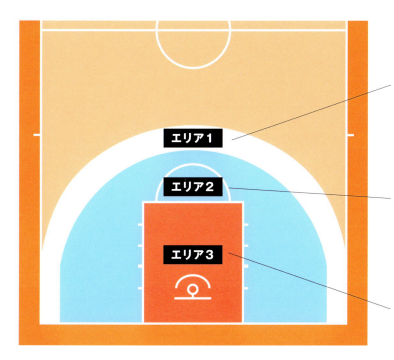

エリア1

ゴールから離れた、3ポイントラインより外側のエリアです。
この場所では
・シュートを打つ
・ドリブルをついた状態で相手を抜く
・ボールを持った状態で相手を抜く
・キャッチした瞬間に相手を抜く
このようなシチュエーションがあります

エリア2

エリア1からエリア3の間のエリアです。走り込むスピードに変化をつけたり、相手ディフェンスの対応によっては止まるケースもあります。相手のプレッシャーが強まるはずです

エリア3

ゴール付近のエリア。このエリアではステップワークやシュートテクニックを使い、得点を積極的に狙います。相手ディフェンスもコンタクトしながら激しくプレッシャーをかけてきます

ドリブルの優先順位
①オンサイドアタック
②チェンジオブディレクション
③左右のプリモーション
④前後のプリモーション
⑤チェンジオブペース
⑥プロテクトスタンス
⑦クローズドスタンス

この表は育成年代におけるドリブルからの1on1スキルを学習する上での優先順位になります。まずはディフェンス（リング）に正対した状態で、ディフェンスの左右を素早くアタックできる姿勢をとりましょう。次ページから優先順位に沿ったお勧めのスキルを紹介していきます

第3章 1on1の力をつける

ドリブルの優先順位①

オンサイドアタック

なるべくチェンジをせずボールを失う機会を減らす

　ボールを保持している方向に進む「オンサイドアタック」から見ていきましょう。上の写真のように、ディフェンスに対して正対しているときに、まずはドリブルをしている側に抜きに行く「オンサイドアタック」を狙います。余計なチェンジが増えると相手にボールを奪われたり、ミスにつながるので、まずはシンプルにまっすぐ抜きに行きましょう。

　そして下の写真は、両足を開いて抜きにかかる「スプリット」です。両足を「パッ」と開くことで足の筋肉の収縮を利用し、一気に加速できるのでお勧めです。

アタックステップ

ドリブルをついている方向に強くアタックする

ディフェンスと向き合います

スプリット

筋肉の収縮を使い一気に加速する

ボールを奪われないように気を付けながら、チャンスをうかがいます

1歩目をドリブルをしている側の足と逆足、2歩目をドリブルをしているほうの足を少し前に出すように「1.2」と素早く足踏みをします

ディフェンスがステップに反応してこなかったら一気に加速します。

一気にドリブルで抜き、シュートチャンスを作ります

両足を一気に横またはドリブルしている足が前になるように少し斜めに開きます

素早くディフェンスの横、すれすれを抜きます

一気にドリブルで抜き、シュートチャンスを作ります

第3章 1on1の力をつける

ドリブルの優先順位②

チェンジオブディレクション

まっすぐ抜きに行って止められたら

　前ページのようにドリブルをしている方向にまっすぐに抜きに行くと、ディフェンスに止められることがあります。そこで必要となるのが方向転換「チェンジオブディレクション」です。

　ディフェンスとの間にボールを動かせるだけの間合いがある場合に有効なのは「フロントチェンジ」です。

　そしてディフェンスとの間にボールを動かせるだけの間合いがない時には、下の写真、両足の間にボールを通す「レッグスルー」が使えます。

　さらに52ページ、53ページのドリブルは、相手との間合いがあまりなく、しかもスピードを落としたくない時に有効な「ビハインド」と、ボールを身体で守りながら逆側に身体の向きを変えられる「ロール」です。そのロールに対応してきたら、ドリブルの動きをフェイクに使うという具合にディフェンスとの駆け引きを楽しみましょう。

1. フロントチェンジ

抜きに行ったらディフェンスがコースに入ってきた時に有効

オンサイドアタックを仕掛けます

2. レッグスルー

抜きに行ったらディフェンスが距離を詰めてコースに入ってきた時に有効

オンサイドアタックを仕掛けます

ボールを身体の中心につきます

素早く逆の手で
ボールを受けます

フロントチェンジで
方向転換して攻撃を展開します

スピードをコントロールしながら
両足を開きます

両足の間、逆足（写真では左足）の
後ろにボールをつきます

レッグスルーで方向転換して
攻撃を展開します

51

第3章　1on1の力をつける

3. ビハインド：抜きに行ったらディフェンスがさらに距離をつめてコースに入ってきた時に有効

オンサイドアタックに対し、
ディフェンスが間合いをつめてきます

ドリブルをしている手で逆のお尻を叩くようなイメージで
ボールを背後に通します

4. ロールターン：抜きに行ったらディフェンスが激しいプレッシャーをかけてコースに入ってきた時に有効

ディフェンスがぴったりと接近し、
進行方向に入ってくる状況です

ディフェンスとボールの間に身体を入れてボールを守ります

5. ロールターンを先読みされたら…

間合いをつめてくるディフェンスに対し、
ロールターンの体勢をとります

ディフェンスがロールターンをよんでいることを察知します

逆の手で受けられる地点にボールをつきます　　　ビハインドで方向転換して攻撃を展開します

ディフェンス側の足（写真では左足）を　　　　　ロールターンで方向転換して攻撃を展開します
回転軸にくるりと反転します

ロールターンの動きをフェイクとして使います　　ロールターンで方向転換せず、
　　　　　　　　　　　　　　　　　　　　　　　最初に狙ったほうからドリブルで仕掛けます

第3章 1on1の力をつける

ドリブルの優先順位③　左右のプリモーション

ディフェンスのレベルが上がり簡単に抜けなくなってきたら

　ドリブルをしていて仕掛ける前にディフェンスの対応を難しくさせるような動きのことを「プリモーション」と呼びます。

　下写真の並びの上段は、ほんの少し重心をずらす「ボディフェイク」で、56ページ上段の写真はボールを手におさめながら左右に移動させる「フローティング」です。

　そして他にもいくつかディフェンスを横に揺さぶる方法があるので、56、57ページで紹介します。

1. ボディフェイク：ディフェンスの重心を崩して抜く

2. サイドホップ：相手とのズレをつくる

ボールを強くつきます

ボールを手におさめたまま横に重心を低くしたまま跳ねます

POINT（ボディフェイク）

相手ディフェンスを引っかけようと、ついつい大きな動作でボディフェイクをしてしまいがちです。しかし、自分が行きたいコースに体勢を戻すのが遅いと、ディフェンスに対応されます。したがってほんの少しの重心のずれでディフェンスに反応させるのがポイントです。上手くできない人は立ったまま足を動かさないようにして壁に肩を移動し跳ね返るように戻るトレーニングをしたり、ヒップホップのダンスの映像を見るのもお勧めです。

POINT（フローティング）

手におさめたまま左右にボールを動かすには、その前のドリブルが強くなくてはなりません。弱いと手でおさめられず、すぐに落ちてしまうからです。だからといってボールを下から支えるとヴァイオレーション（ミス）となるので気を付けましょう。

移動している最中にディフェンスのずれを感じましょう

ディフェンスの反応が遅れていたら一気にボール側に加速しましょう。フロントチェンジをしながらチェンジしたサイドに跳ねるバージョンもあります

第3章 1on1の力をつける

3. フローティング：小さな横ずれで抜けなかった場合

ドリブルを強くつきます

スプレッドドリブル（43ページ）をしながら手のひらにボールがある間に横へ移動します

4. クロスジャブ：逆方向に行くと見せかけ相手とのズレをつくる

ボールマンとディフェンスとの間合いが1メートルくらいある距離から仕掛けます

フロントチェンジをしながらチェンジと逆方向に足を出してフェイクします（写真だと左足をフロントチェンジと逆に出します）

5. シャムゴッド：進行方向に行くと見せかけて逆をつく

右手でドリブルをついている状況です

ボールをディフェンスの前にさらします

ディフェンスの動きを見ます

ディフェンスが遅れて反応してきていたらまっすぐ抜きに行きます。ディフェンスが反応してきていたらチェンジをして方向を変えて抜きます

ディフェンスがステップに反応した瞬間にボール側にまっすぐ加速していきましょう

左右のずれからチャンスを作ります

ディフェンスがとりに来た時に、逆の手でボールを受けます

逆方向にボールをひっぱります（写真は左手側にもってきます）

57

第3章　1on1の力をつける

ドリブルの優先順位④

前後の プリモーション

相手を前後に 揺さぶる

　前項ではディフェンスを横にずらしてからドリブルで抜く「左右のプリモーション」でしたが、縦にずれを作りドリブルで抜く「前後のプリモーション」もあります。

　その中で上段の写真はドリブルの最中にスキップを踏んでディフェンスとの間合いをつめて惑わす「スキップモーション」と、下段はドリブルの最中に足を開き小刻みに足踏みをする「スタッターステップ（フットファイヤー）」というスキルを紹介します。

　そして他にもいくつかディフェンスを前後に揺さぶる方法があるので、60、61ページで紹介します。

1. スキップモーション：相手が下がって守ってきて抜きづらいとき

ディフェンスが間合いをあけてドリブルを警戒している状況です

2. スタッターステップ：相手を惑わせてスキをつく

ディフェンスとの距離が1メートル手前くらいから仕掛けに入ります

2 ボールマンがスキップを踏みながら間合いをつめます

3 着地の瞬間にディフェンスの重心が崩れていたら一気に加速します

4 ディフェンスの真横を抜きに行きます。もしドライブの進行方向にディフェンスが入ってきていたらチェンジをして抜きましょう

2 足元に火がついているかのように足踏みを小刻みに動かします。この時に重心を上げないように気を付けましょう

3 いつ抜きにかかるかわからなくさせます

4 タイミングをはかって一気に抜きにかかります

第3章　1on1の力をつける

3. シザースステップ：相手が下がっているときは間合いをつめて一気に加速する

1 ディフェンスとの間合いをつめます　　2 ボールのないほうの足（左足）を大きく前に出します

4. バックペダル：相手のプレッシャーがあり前に進めないときは下がって間合いを作る

1 ディフェンスがドリブルのコースに入ります　　2 間合いをつめてくるディフェンスと向き合ったまま下がります

5. リトリート：さらに強いプレッシャーがあり前に進めない時は身体でボールを守って安全に間合いを作る

1 ディフェンスがドリブルのコースに入ってきます　　2 半身の体勢をとりながらディフェンスを見ます

ボールのあるほうの足（右足）を
鋭く足を入れかえ踏み込んでスピードを上げます

両足ではさみのような動きを作ることから
「シザース」と言います

ドリブルを止めずディフェンスが
追いかけてこない場合はシュート、
ディフェンスが追いかけてくる方向をチェックします

ディフェンスがボール側につめてきたらチェンジをして
逆を抜きに行き、ボールのない背中側につめてきたら
ストレートドライブをします

ボールをインサイドアウトのような手
の動きをしながら体をディフェンスの
間に入れながら下がっていきます

顔は前を見ながら、ディフェンスが
どのような状況になるかを
チェックします

ドリブルで一気に抜きにかかります

第3章 1on1の力をつける

ドリブルの優先順位⑤
チェンジ オブペース

一度止まったり、スピードを緩めたりしてディフェンスを油断させる技になります。その中で「ロッカーモーション」をここでは紹介していきます。

ロッカーモーション：ディフェンスがぴったり並走してきた

ドリブルをしている選手に対して
ディフェンスが並走している状況です

ドリブルの優先順位⑥
プロテクト スタンス

身体を半身にしてボールを守りながらドリブルを継続する技です。ここでは「ヒップスウィブル」を紹介します。

ヒップスウィブル：相手が近くでプレッシャーをかけてきたら

身体でディフェンスをおさえボールを守っている状況です

ドリブルの優先順位⑦
クローズド スタンス

背中をディフェンスに向け、ボールを守りながらドリブルを継続する技です。この姿勢は長時間続けるというよりは危ないという瞬間にこのクローズドスタンスをとれるようにし、次のプレーに移行しましょう。

クローズドスタンス：さらに近い距離で激しいディフェンスをしてきたら

ディフェンスが激しいプレッシャーを
かけてきたら背中を向けボールを安全に守ります。

2	3	4
ボールを守りながら一瞬止まり、ディフェンスの様子をうかがいます	ディフェンスが動きを止めたら、一気に加速をします。もしディフェンスが進行方向に入ってきたら、ロールターンを使用しコースを変えてドライブをします	スピードの変化を有効に使って抜きます

2	3	4
ボールを手に長くおさめながらチャンスをうかがいます	腰を回旋させディフェンスと正対しながら、間合いを作り出します	ディフェンスの対応をみてドライブコースを選択しましょう

2	3	4
振り返る素振りをしてディフェンスの様子を見ます	ディフェンスが反応したらドリブルをついている手の側にドライブを仕掛けます	もしディフェンスが反応しなければボールを左手に持ち替えターンして攻めます

第3章　1on1の力をつける

こまりごと　ボールを持った状態からの1on1で抜けない

細かいステップでずれを作る

次に、ボールを持ってディフェンスと向き合った状態からどう打開するかを見ていきましょう。

このような状況で、フリーフット（写真では右足）を素早く動かし、ディフェンスを揺さぶるステップを「ジャブステップ」と言います。ボクシングの小刻みに繰り出すパンチ「ジャブ」に似ているからです。

このジャブステップで、ディフェンスにとって動きづらいスタンスを作り、抜きやすい状況を作り出しましょう。

ボールマンがドリブルを始めるタイミングをはかっている状況です

工夫ポイント

ボールをどこに置くか工夫する

ジャブステップを踏むときに、ボールの位置も工夫してみましょう。例えば、ジャブを踏む足（フリーフット）側においておくと、オンサイドドライブに移行しやすいですが、ディフェンスに対してボールが近づいてしまうのでとられてしまう危険性もあります。逆に軸足側においておくとクロスステップでディフェンスを抜きやすいですが、トラベリングをとられやすいというデメリットもあります。いろいろな状況に合わせてボールの保持する場所を変えてみてください。

軸足側

フリーフット（右足）を素早く前に出すジャブステップを踏みます

ディフェンスが反応してきたらフロアを強く蹴り、逆方向にドリブルを開始します

ジャブステップを何回か踏みながら相手の様子をうかがい、次のプレーを選択しましょう

フリーフット側

両足の間

第3章　1on1の力をつける

こまりごと　間合いをつめてくる相手が苦手

大きく踏み込み間合いを作る

　ディフェンスのプレッシャーが強くなると、ジャブステップを使いにくくなります。その時に、強くゴール方向に足を踏み込むことで、ディフェンスとの間合いをさらに広げることができます。これを「ビッグステップ」と呼びます。

　ボールマンは軸足側でボールを保持した状態から、身体でボールを守り、ディフェンスのほうにフリーフット（写真では右足）を大きく踏み込みます。

　そうして間合いがあいたら素早くオープンスタンスの体勢をとって攻撃を仕掛けるのです。その時の試合状況に応じて、ドリブルだけでなくシュートやパスも含めて、正しくプレーを選択できるようにしましょう。

こまりごと ドライブ中にぶつかってバランスを崩してしまう

コンタクトからのボール奪取 1on1

　実際の試合では、相手とコンタクト（接触）する状況が起こりえます。特に身体の強さを備えている選手とコンタクトした時に、バランスが崩れるとミスにつながってしまいます。練習でコンタクを嫌がらないように慣れておき、試合でミスしないようにしましょう。

お互いの肩をコンタクト

二人の選手がお互いの肩をコンタクトさせた状態からスタート。コーチの合図が鳴ったら、置いてあるボールをすみやかにとり、ドリブルからシュートに持ち込みます

お互いの背面をコンタクト

二人の選手がお互いの背面をコンタクトさせた状態からスタート。コーチの合図が鳴ったら、置いてあるボールをすみやかにとり、ドリブルからシュートに持ち込みます

第3章　1on1の力をつける

こまりごと　ドリブルが終わった瞬間にディフェンスに囲まれてしまう

シグナルドリブル

　バスケットボールを始めたばかりの選手はどうしてもボールを見て、ドリブルしようとします。でも試合ではボールばかり見ていると、まわりの状況がわからずミスにつながってしまいます。そこで顔を上げてプレーする習慣を練習で備えましょう。

　写真を見てください。ゴール下にパートナーが一人立ち、ドリブルしている選手にサインを送ります。そのサインに応じてドリブルする選手はプレーを決めるのです。例えば、グーならレイアップシュート、パーならジャンプシュート、チョキならそれ以外のプレーに設定するなど、サインに応じて行動を変えられるように工夫してみましょう。

第4章 レイアップシュートを確実に決める

第4章 レイアップシュートを確実に決める

こまりごと 試合中のレイアップシュートが入らない

ゴール（バックボード）のどこを狙う？

　ゴールに向かって下からボールを投げるシュートを「レイアップシュート」と言います。
「1、2」のリズムでステップを踏み、ジャンプの最高到達地点でボールをのばした手のひらからリリース。そしてバックボードにそっと当てるのが基本の「ノーマルレイアップシュート」ですが、そのリズムをディフェンスも読んでいることもあるので、ステップの数や幅、シュートの打ち方、そしてボールの保持の仕方など工夫が求められます。

　それぞれのスキルをこの章で紹介していきますが、まずはゴールに向かう角度ごとにどのようなレイアップシュートになるかイメージしてみましょう。皆さんの特性や試合状況によって打ち方は変わってくるだけに、いろいろな角度からのレイアップシュートを反復練習して自分の感覚を磨くことが大切です。

ディフェンスの状況に応じてバックボードのいろいろな場所を使ってシュートを決めに行きましょう

シュートの角度の種類

どの角度でもどこからでも決められるようにしましょう

第4章 レイアップシュートを確実に決める

こまりごと レイアップシュートをブロックされてしまう

相手ディフェンスのブロックに注意する

　レイアップシュートと聞くと、腕をのばした手のひらにボールをのせてそっとリリースする「アンダーハンドレイアップシュート」を思い浮かべるでしょう。

　しかしこのシュートはディフェンスにもイメージされやすいだけにブロックされる危険性が高いです。そこで覚えてほしいのが、手首とひじを曲げた手のひらにボールをのせてリリースする「オーバーハンドレイアップシュート」です。

　こうすることで高い位置でボールを保持しながら

シュートにいくことができるのでギリギリまでリリースを変えることができます。さらにディフェンスをよく見て認知・判断し、1歩目と2歩目のステップ幅を狭くしたり広くしたり、変化を加えます。
・1歩目狭く、2歩目広い
・1歩目広く、2歩目狭い
・1歩目も2歩目も広い
・1歩目も2歩目も狭い
　このような変化でディフェンスのブロックのタイミングをはずすのです。

オーバーハンドレイアップシュート

2歩目を踏み込み、レイアップシュートに持ち込みます　　手首とひじを曲げた手のひらにボールをのせます

アンダーハンドレイアップシュート

腕をのばした手のひらにボールをのせるアンダーハンドレイアップ。
写真下段のオーバーハンドレイアップとどちらも使えるようにしておきましょう

ディフェンスのブロックをかわせる地点でリリースします　　リバウンドに入れるようにボールを見続けます

第4章 レイアップシュートを確実に決める

PLAY バックシュート

背後のゴールに
シュートを決める

レイアップシュートに持ち込む際、ディフェンスにブロックされそうなケースでは、ドリブルやステップの距離をのばし、ゴールの逆側からシュートに持ち込むこともできます。ゴールの背後から打つ格好になるこのシュートのことを「バックシュート」と

1. 右側ドライブ

1. 右手ドリブルでゴールへと向かう状況です
2. ディフェンスの位置をイメージします
3. ブロックをイメージし、ゴールの逆側にもぐり込みます

2. 左側ドライブ

1. ゴールに向かって左サイドからゴールへと向かう状況です
2. ディフェンスの位置をイメージします
3. ブロックをイメージし、ゴールの逆側にもぐり込みます

言います。
　写真のように左右両手でバックシュートが打てるようになること。そしてステップを踏む回数や幅を工夫しながら相手ディフェンスのブロックをかわしましょう。

4　ブロックをかわせるように、ステップを工夫します

5　背後にあるゴールに向かって、バックボードを利用しながらシュートに持ち込みます

6　最後までボールを見ながら、フォロースルーを残します。右手でも左手でも決められるようになりましょう

4　バックシュートに持ち込みます

5　確実にシュートが決まるバックボードの位置を確認します

6　最後までボールを見ながらフォロースルーを残し、リバウンドに入れる体勢をとります

75

第4章 レイアップシュートを確実に決める

こまりごと　レイアップの途中でボールを奪われてしまう

ボールをしっかり守ってシュートに持ち込もう

レイアップシュートにいこうとする際、ボールを保持している瞬間を狙ってくるディフェンスもいます。

そうしたディフェンスにボールを奪われないようにボールを保持する位置を工夫するスキルを備えましょう。また身体を動かしながらボールをコントロールすることで、バランスのトレーニングになったり、ハンドリング能力の向上にもつながります。

1. アンダー

ボールをひざあたりまで下げて、ディフェンスの手が届かない位置で保持します

2. フロント

1歩目のタイミングで前につき出し、2歩目で自分の身体のほうに引き付けます。ディフェンスの手をかわしてシュートまで持ち込みましょう

3. ヘッド

ボールを頭上に持っていき、ボールをディフェンスから守りましょう

4. パスフェイク

チームメイトにパスする動作を見せてから、シュートに持ち込みます。左右どちらにもボールを移動できるようにしましょう

5. ホールド

ゴール付近の密集した地帯でボールを奪われないようにするための持ち方です

第4章 レイアップシュートを確実に決める

こまりごと 背の高い選手をかわせない

相手ディフェンスのブロックをかわす

ゴールに向かってドリブルするボールマンに対してディフェンスが間合いをつめてくるような状況や大きな選手がゴール下にいてブロックの危険性がある場合、相手のブロック越しにボールを高いループでふわりと浮かせる「フローター」というシュートが使えます。

前項で紹介したオーバーハンドレイアップシュートのスキルが使えますが、ここでもう一つ覚えてほしいのがステップの数です。

フローターシュートだけではなくレイアップも含め、1歩目で打ってみたり、2歩目で打ってみたり、ジャンプストップで打ってみたり、いろいろなタイミングの中で打てるように練習しましょう。

フローターシュート

ボールマンがドリブルでゴールに近づく状況です

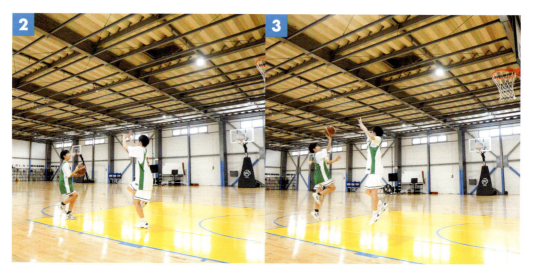

ディフェンスが反応し始めた瞬間にシュートを狙います　　ディフェンスの距離に応じてステップを踏みます

POINT 1歩目の重要性

じゃんけんに勝つために一番最強なのは「後出し」です。これはレイアップの最中にも使えます。ワンステップレイアップを狙い、ディフェンスが反応したら2歩目を踏んでシュート。ディフェンスが反応しなければそのままワンステップレイアップに持ち込みます。
ディフェンスの様子を感じる練習として写真のように1歩目を踏むあたりにディフェンス役に立ってもらい、1歩目の瞬間に手が上がっていたら2歩目を踏んでシュート。下がっていたらワンステップシュート。サインを出してもらいながら認知・判断・実行の練習をしていきましょう

ボールを押し出しふわりと高いループで打ちます　　小さい選手でも大きな選手のブロックをかわせます

第4章 レイアップシュートを確実に決める

こまりごと　ゴール付近に行くけど止まってしまう

すき間レイアップ

　試合中にレイアップにいける！というタイミングでゴール下でストップして、ディフェンスに囲まれてしまったり、ブロックされる選手をよく見かけます。

　練習ではなるべく簡単にシュートへいけるようにディフェンスを抜く部分に力を注ぎ、シュートにいくタイミングではあまりディフェンスがいない状況が多いのではないでしょうか？

　しかし試合中は練習通りにいかないことがたくさんあります。その時のためにディフェンスにぶつかりながらシュートを決めきったり、ディフェンスの様子を見てステップを工夫する練習を普段からしておきましょう。

1歩目を踏むあたりに閉じたり開いたりするディフェンス役を二人置きます

ドリブルをしている選手はディフェンスの前で止まることなくシュートへ向かいましょう

必要に応じてボールの保持やステップワークを工夫して、シュートを決めきりましょう

ディフェンス役はいろいろな幅やスピードで閉じたり開いたりしましょう

タイミングよくレイアップシュートに持ち込みます

第5章
パスがうまい選手になる

第5章 パスがうまい選手になる

こまりごと パスミスが多い

試合で使えるスキルを備える

　攻撃をスムーズに展開し、得点を効率よくあげていくのに有効なプレーがパスです。スローインや相手陣内へと入るボールを運び、そして得点へつながるようなシーンでもパスを使います。相手に奪われることなく、より得点のチャンスが生まれる場所に時間を失わずに、ボールを移動させることができる──。それがより上質なパスだと考えます。

　さて、左下の写真を見てください。これは自分の胸から相手の胸を目がけて両手で出すチェストパスの練習風景です。「速くて正確なパス」を追求することは大事ですが、この練習がゲームライクかと言うと、ＮＧ写真が示すようにディフェンスに止められやすい側面もあるのです。

　そこで考え方を変えて、味方のチャンスを認知してから、その選手にボールが届くまでの速さを追求します。83ページのような片手パスをミスすると、「正確に両手で出しなさい」という声も耳にしますが、ディフェンスに奪われることなく仲間に素早くボールを届けることができるのであれば片手のパスも有効です。両手でも片手でも必要に応じて使えるように練習しておきましょう。

両手で出すチェストパスの練習風景

NG

両手のチェストパスは
試合だと相手に
止められやすい側面がある

いつも身体の向きをパスを出す方向に変えて出す両手のパスは、ディフェンスに奪われてしまう危険性が高まります

２対２の状況です

ボールマンがチャンスだと思った瞬間に
片手でボールを保持します

すみやかに片手でパスを出します

両手でボールを保持してパスを出すよりもディフェンスに
察知される前に素早くパスを出すことができます

83

第5章　パスがうまい選手になる

こまりごと

チャンスの瞬間にパスが出せない①

状況に応じていろいろなパスを使い分ける

　自分の胸から相手の胸に目がけて出すチェストパスは大事な基本プレーの一つですが、試合では自分も仲間も動きながら一瞬のチャンスにパスを出すスキルが求められます。試合状況やディフェンスの狙いに応じて、ここで紹介するパスを使い分けてみてください。
　もし動きながらパスを出してみて、パスの動作自体がスムーズにいかない場合は、止まってパス練習を行ってみましょう。そしてできるようになったら動きながらチームメイトの動きに合わせるという段階を踏んでもいいです。

オーバーハンドパス

素早くボールを頭上に持ち上げて、小指を下に向けるようにトップスピンをかけながら両手で素早く出します

フックパス

相手の頭上を越えられるように、身体は正面に向けたまま腕をまっすぐ上にのばして高いところからパスを出します

サイドアームパス

ドリブルの動作からディフェンスがいないスペースに片手をのばしてそのまま強いパスを出します

ラテラルパス

身体を正面に向けたままパスをしたい方向と逆の手でボールを支え、パスをする方向に近い手の親指を下に向けボールを横に押し出します

ディッシュパス

手のひらをお皿のようにしボールをのせ、走り込むチームメイトが受けやすいように出します

第5章 パスがうまい選手になる

こまりごと チャンスの瞬間にパスが出せない②

1のタイミング

ウイングにボールがある2対2の状況です

トップからもう一人の選手が走り込みます

2のタイミング

ディフェンスのマークにあい、
すぐにパスを受けられない状況です

前をおさえようとする
ディフェンスの後ろに走り込みます

3のタイミング

1のタイミングでパスが出せなかった状況です

1のタイミングにボールマンのディフェンスが反応した場合には次のタイミングを狙います

チームメイトの動きに合わせる

　チームメイトの動きにパスをタイミングよく出すには、認知ー判断ー実行の流れをスムーズにすることが大切です。

　まずパスを出すべきタイミングかどうかをディフェンスの状態を踏まえて認知し、適切なプレーを判断します。そしてパスをもらおうとしているチームメイトの状態も確認した上で実行、すなわち適切なパスを選択します。

3 走り込んだ選手が
ディフェンスを振り切りました

4 走り出した仲間に対して
素早くパスを返します

5 走り込む勢いも利用して
シュートに持ち込みます

3 二人のディフェンスの頭上を越えられる
ようにオーバーヘッドパスで走っている
仲間の奥の手にパスを出します

4 パスを受ける選手はボールを
よく見ながら走り込みます

5 シュートに持ち込みます

3 ボールを逆側、右手のほうに
素早く移動させます

4 腕をのばしてディフェンスの
手が届かないところからパスを出します

5 パスを受け、
次のプレーへとつなげます

第5章 パスがうまい選手になる

こまりごと パスを出すときに自分のマークマンにカットされてしまう

相手の手が届かないところを狙う

ゴール下でかまえるチームメイトにパスを出す時などは、なるべく時間をかけず、素早いパスが求められます。

そこで目の前にいるディフェンスの手を避けてパスを出すスキルが求められるのです。

ボールマンにとって狙い目となるのは、ディフェンスの顔のすぐ横や足元の空間です。相手ディフェンスにとって反応しにくく、手を出しづらいこの空間のことを「パッシングウインドウ」と言います。

またディフェンスの手を一瞬止めることで反応を遅らせることができます。例えば顔の横からパスを出すふりをしてディフェンスの手が動いて止まった瞬間に無駄な動きをせずに足元を狙うパスを出します。

上から出す

下にパスを出す動作をします

ディフェンスの手が下がっているので、顔のすぐ横を狙います

クイックハンドで出すことでディフェンスは反応しにくいです

確実にパスを受けます

下から出す

上にパスを出す動作をします

ディフェンスの手が上がったので、足元を狙います

バウンドパスになります

確実にパスを受けます

第5章 パスがうまい選手になる

こまりごと パスのタイミングが合わせられない

1. 追いかけパス

　速くて正確なパスのスキルを身に付けるための練習を紹介します。トップの選手がボールを持ち、ウイングから走り込む選手にパスを合わせてシュートに持ち込みます。ディフェンスを後追いの状態で付けることで、ドリブルをしながらパスをしてみたり、パスを出す側にもディフェンスを付けることでより実践に近い練習になります。

　この練習の負荷を高めるなら、ディフェンスに追い付かれず、仲間のスピードを落とさないタイミングでパスを出す練習です。

2. 針通しパス

　人数が少ない場合でもできる早くて正確なパスのスキルを身に付けるための練習をもう一つ。トップの選手がボールを持ち、ウイングから走り込む選手にパスを合わせますが、その位置にカラーコーンを二つ置いて限定します。そうすることで、パスコースを正確に通すスキルが向上します。

　この練習の負荷を高めるとすれば、コーン幅を狭くするとより正確性を求めることができます。または左ページのようにディフェンスを後追いで付けるのもいいでしょう。

91

第5章 パスがうまい選手になる

こまりごと ボールを持っていないときに
どう動いたらよいかわからない①

チームとして攻めるイメージを備える

ここまで紹介してきたスキルをチームとして発揮する攻撃、いわば「チームオフェンス」で生かすためのキーワードは「スペース」です。

「ボールを持っている人を助ける行動」から逆算して考えるとわかりやすいです。

ボールを持っている人が近づいてきたら邪魔をしないように離れる動き、ボールを持っている人が困っていたら助けに行ってあげましょう。

写真は、5人の攻撃がアウトサイドに広がる「ファイブアウト」の陣形です。実戦ではここから大きな選手がゴール下にかまえたり、ゴール下に走り込んでスペースを生かします。まずは、そうできなくなる要因を、写真で探ってみましょう。

5人の攻撃がアウトサイドに広がるファイブアウトの陣形です

NG

全体的にコートの右側に偏ってしまっているスペーシングです

92

NG

トップの選手がボールを持ちますが、両脇の二人の選手の距離が近すぎます。このようなスペーシングでは、ディフェンスはパスコースを消しつつボールにとってのスペースも消せてしまうので、積極的にボールにプレッシャーをかけやすくなっています

NG

ボールマンがゴール方向にドリブルします。ディフェンスを引き付けて逆サイドにポジションをとる選手にパスを出していますが、ボールを受けた選手が3ポイントラインの内側にいます。そうなるとドライブに対して助けに行ったディフェンスがすぐに戻ってきてしまいます。では、どのような動き方の工夫があるのか…。次のページで説明しましょう

第5章 パスがうまい選手になる

こまりごと ボールを持っていないときにどう動いたらよいかわからない②

ボールマンを助ける動きの紹介

　前ページから引き続き、「スペーシング」を象徴するシーンが右ページの写真です。ボールマンの動きにともない、5～6メートルの距離を保ちながら他の選手も連動するということです。ディフェンスの状況やチームオフェンスの狙いに応じて、その距離感は当然変わりますが、まずは写真のような動きをチームとして確認しましょう。
　さらにチームオフェンスとして使える動き方を図にまとめました。

・ドライブ…ドリブルでゴールに向かう
・ドリフト…ボールマンから離れる
・ダイブ…ゴールに走り込む
・ドラッグ…逆サイドに移動する
・ディフェンス…自陣に戻ってディフェンスの準備をする

　常にこの5種類を一つずつ選ぶわけではありませんが、これらのうちどれを選ぶとボールマンを助けられるかを考えるところから始めましょう。

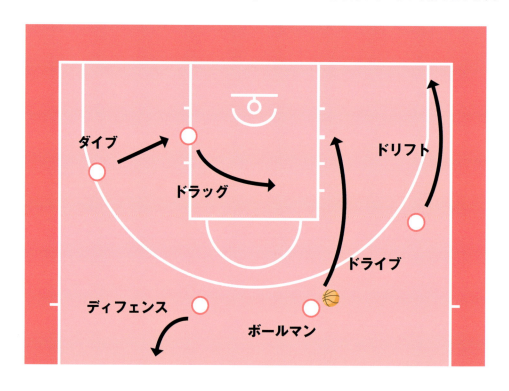

3対3の状況でボールマンがドリブルを開始します

ボールマンの動きにともない、右サイドの選手が離れます。逆に左サイドの選手は、離れていくボールマンに近づきます

ボールマンがドリブルを左方向に変えます

ボールマンの動きにともない、左サイドの選手が離れます。逆に右サイドの選手は、離れていくボールマンに近づきます

サークルルール

ボールマンが攻めやすいように、ボールを持っていない人がチャンスになりやすいようにお互いの距離を調整します。

ルールとしては
① **ドライブから離れる**
② **隣の選手とのスペースを保つ**
③ **パスアングルを作る**

この3つを守りながら動き続けます

第5章 パスがうまい選手になる

こまりごと
速攻中の判断に迷ってしまう

速攻を確実に得点へとつなげる

試合時間の経過とともにディフェンスは攻撃側の狙いを読んで対応してきます。それだけに攻撃側は、時間をかけて得意な形で攻めることが難しくなるのです。そこで鍵を握るのが、攻防の切り替えを早く

ディフェンスがボールマンに対応した場合

1 このとき、パスを出しやすいように、仲間側の手（写真だと右手）でドリブルをします

2 ディフェンスを引き付けてパスを出します

ディフェンスがパスフェイクに反応してボールを持っていない人に反応した場合

1 ディフェンスがゴール下で待ちかまえます

2 ディフェンスの反応を見ます

して展開する「オフェンストランジション」です。
　まず狙うのはディフェンスがいない状態、すなわち「1on0」です。次に「1on1」、そして「2on1」の攻撃を展開できるようになりましょう。

　判断に迷うことが多い2on1の場面ですが、一つの判断基準として「エルボー（フリースローラインの角）」です。この「エルボー」に来た段階でディフェンスの位置に応じて対応していきます。

3 もう一人の選手がパスに合わせて走り込みます

4 確実にシュートを決めます

3 ディフェンスがボールを持たない人に反応します

4 ボールマンがドリブルでゴールに向かいます

第5章 パスがうまい選手になる

ディフェンスがどちらにも反応せず下がっている場合

相手の身長やジャンプ力などにもよりますが、ボールを持っている選手がレイアップに向かって強く攻めることが大事です。その上で、ディフェンスが最後にブロックに飛んでくるならディッシュパスに切り替える、飛んでこないならレイアップを決め切るというシンプルな判断ができるようになりましょう。

オフェンストランジションでパスを多用していると、ディフェンスもそのプレーを読んで対応してきます。特にエルボー（フリースローラインの角のエリア）よりも下で何回もパスを出すとディフェンスは守りやすく、また時間がかかってしまうので、速攻のチャンスがなくなってしまいます。

注意すべき点は、数的に不利なディフェンスは確率の低いシュートを打たせようとしていること。それだけにゴールに向かう意識は忘れないようにしましょう。

第6章 ディフェンスで活躍する

第6章 ディフェンスで活躍する

こまりごと　いつも簡単に抜かれてしまう①

相手をパニックに陥らせるディフェンスをしよう

　よいディフェンスかどうかは、相手が苦しんでいるかどうかを基準とします。フットワークができればよい、コーチに言われた通りにやっていればよしとはせず、相手を苦しめるためにできることをどんどん探して実行していきましょう。

　そして「ファウルに一番近いファウルではない」ディフェンスを目指していきます。そのためにも最初はやり過ぎくらい相手に嫌がらせをして、そこから引き算をするようにディフェンスをしてみましょう。

　そのために必要な基本姿勢をとってみましょう。一番のポイントは両足を開く広さ「スタンス」ですが、これは体格や脚力の強さによって変わってきます。脚力が備わっていないのに広いスタンスをとっても動き出しにくいので、それぞれ自分に合った「グッドスタンス」を探す必要があるのです。

　そして脚力が備えられるとともにスタンスを少しずつ広げていきましょう。

NG
自分のグッドスタンスをとれていないと、相手のプレーに対応できないので気を付けましょう

前から　　　　　　　　横から

トルソー
胴体部分をトルソーと言い、この部分がオフェンスの進行方向に先に入っているようにするとファウルになりません。

手
ボールマンが嫌がるようにボールに添え、シュートやパスには手を上げて対応します

股関節
足を素早く動かせるように股関節を曲げます

両足
自分が一番地面を蹴れて、接触にも耐えられる足の幅を探しましょう。またオフェンスと接触が起きた場合、両足が地面についていないとファウルとなるので注意しましょう

第6章 ディフェンスで活躍する

こまりごと　いつも簡単に抜かれてしまう②

ステップを踏んでボールマンに対応する

　ボールマンが目の前にいると思ってグッドスタンスをとり、相手の動きに合わせて動いてみましょう。
　上段の連続写真は、進行方向とは逆の足で地面を蹴って進む「キックスライド」です。ドリブルで抜こうとするボールマンに対して股関節からムチのようにつま先までを素早く動かし骨盤を移動させます。

1. キックスライド：ドライブのコースを止めに行く時に必要

1　グッドスタンスをとります

2　進行方向とは逆の足（右足）で地面を蹴ります

（オフェンスのおへその向きを見てドライブの方向を予測します）

2. ステップステップ：切り返しに対応する時に必要

1　グッドスタンスをとります

2　進行方向とは逆の右足で地面を蹴ります

3　キックスライドでは一歩で進んでいた幅を細かくステップを刻みます

下段の連続写真は、片足がフロアから離れている時間を短くする「ステップステップ」です。ステップを細かくすることで方向転換しそうな相手の動きに対応しやすくなります。

さらに相手のスピードに対応するためのフットワークを104ページで紹介します。

肩と骨盤を一つのかたまりにして動かすイメージです　　グッドスタンスに戻ります

ステップの幅を小さくすることでオフェンスの切り返しに対応しやすくなります　　グッドスタンスに戻ります

第6章 ディフェンスで活躍する

3. クロス:相手が来る方向がわかっている時に有効

グッドスタンスをとります

オフェンスが来る方向がわかっている場合は
蹴る足をクロスして進むこともあります

身体をボールマンに向けたまま移動します

グッドスタンスに戻って次のステップを踏みます

4. ラン＆グライド：抜かれた後に追いつくときに必要

サイドステップで守り切れない場合は
一歩走って追いつきます

1歩走っても間に合わないようなら、
2歩、3歩走って追いかけます

相手のスピードに付いていきます

追いつけそうになったらサイドステップに切りかえ、足を引かずに正対してトルソー（P101で説明）で受け止めます

COLUMN

クロスオーバーのフットワークはディフェンスで使っていいの？

オフェンスがどちらに抜くか分からない状況においては、逆をつかれた時のリスクが高いため、クロスオーバーの足は使わないのが一般的でした。しかし、相手が加速する方向が分かっている場面においては、クロスの足の方がより加速しやすいため、このフットワークも使いこなせるようになっておくことが重要です

第6章 ディフェンスで活躍する

こまりごと オフェンスの正面に入るのが怖い

相手を身体の正面で受け止める

　ルール上、相手との不当なコンタクトは禁じられています。が、ボールマンのドライブに対してディフェンスが先にコースに入った時などはぶつかり合いが生じやすいです。そのようなシーンを想定して練習しましょう。

　左下の写真のようにドライブに対しては、ハンズアップして（両手を上げて）ファウルに注意し、相手に押されてもバランスを崩さないようにディフェンスを継続します。もし正面でぶつかることが怖い場合は腕を曲げて自分の胸の前においてクッションのようにしてみましょう。

　オフェンスは一列に並び、ディフェンスにボールを渡してパスを返してもらった瞬間にドライブへ行きます。このドライブに対してディフェンスは接触を恐れずコースを止めに行きましょう。「何人を止めたらディフェンスの勝ち！」のように設定すると楽しく練習を行うことができます。

NG
ドリブルでゴールに向かわせないように足を後ろに引かないようにしてコースに入りましょう

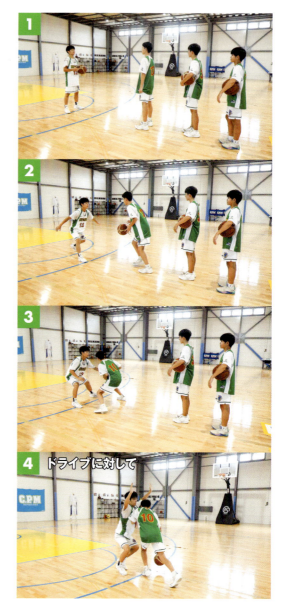

4 ドライブに対して

こまりごと　抜きに来る方向を予測できない

超能力ディフェンス

ボールマンとディフェンスが背中合わせにかまえます。どちらかの合図で二人がジャンプして向き合い、ボールマンは着地と同時に一歩を踏み出します。それに対してディフェンスはボールマンのコースに入る感覚をつかむ練習です。

POINT　抜かれてもあきらめない

もしディフェンスの予想が外れて1歩目で抜かれてしまっても、あきらめずにラン＆グライドなどを使って最後まで相手にプレッシャーを与えましょう

第6章 ディフェンスで活躍する

こまりごと　もっとプレッシャーをかけたい①

相手のミスをさそってボールを狙う

　前項まではディフェンスにおける足の使い方「フットワーク」を中心に説明してきました。さらにボールマンを苦しめ、相手を嫌がらせるための手の使い方、いわば「ハンドワーク」も重要です。ファウルに注意しながら積極的にボールを奪う姿勢を失わず、相手をパニックに陥らせるイメージです。

　さらにボールが手から離れている時間を狙い、ボールが地面から跳ね返って手に戻る空間に手を入れる「ポインティング」（右の写真）というスキルもあります。ボールを奪うことが目的ですが、たとえ奪えなくても、ボールマンのリズムを崩すだけでも成功です。

ポインティング

ボールマンが手にボールをおさめている状況です　　　ボールマンの手からボールが離れます

NG
ギャンブルに ならないように

積極的にボールを奪いにいく姿勢が大事ですが、やみくもに手を出すのは「ギャンブル」と言って抜かれたりファウルにつながる危険性が高いです。自分の状態がよいときにドリブルをしている側に近い手でカットを狙いましょう。ドルブルをついている手から遠い手でカットに行くと失敗したときに抜けれてしまう危険性が高くなります

ボールマンの手や身体にさわるとファウルになってしまいます

ボールマンの手にボールが戻る前に
ディフェンスが手を入れます

たとえボールを奪えなくても、
ボールマンのリズムを崩せば成功です

第6章 ディフェンスで活躍する

こまりごと　もっとプレッシャーをかけたい②

ドリブルが止まったら間合いをつめる

　相手のボールマンがドリブルのプレーを止めたら、次のプレーとしてシュートかパスしかありません。そこでディフェンスは一気に間合いをつめて相手を棒状にしプレッシャーをかけます。このディフェンスは「スティック」と言います。

　このスティックを成功させるコツは、ボールマンとの間に鏡があるとイメージし、それを割らないように意識してディフェンスすることです。また手のひらの鏡に常にボールを映すように、ボールの動きに合わせて手を動かし続ける技術を「ミラーザボール」と言います。

ボールマンがドリブルでゴールに向かう状況です　　　ドリブルを止めたボールマンに対して間合いをつめます

シリンダーの範囲
・正面は脚、曲げた膝や腕、腰より上でボールを持っている位置まで
・背面は尻の位置まで
・側面は腕と脚の外側の位置まで

NG

ディフェンスがボールマンのプレーエリアまで身を乗り出し、コンタクトするような状況になるとファウルをとられる危険性があります。そうした基準がルール変更とともに変わる場合があることを念頭に置きましょう

ボールマンのフリーフット（左足）が軸足（右足）の延長線上にあり、弱い状態です

軸足をはさむようにして適度な間合いでプレッシャーをかけます

第6章 ディフェンスで活躍する

こまりごと　もっとプレッシャーをかけたい③

シュートを打ちにくくさせる気持ちで

相手がシュート体勢をとっても、ディフェンスはあきらめてはいけません。ブロックショットでボールマンのシュートを止められる可能性が残っています。たとえシュートを打たれても、相手はブロックショットが気になり、不安定なシュートになることも期待できるのです。

ポイントはボールマン側の手でファウルにならないように注意してブロックショットを行うことです。
下の写真は、19ページで紹介した「ブロックシューティング」のワンシーンです。このようなシューティングを行う際、ゲームライクな形でブロックショットにチャレンジしてみましょう。

1 19ページで紹介した「ブロックシューティング」のワンシーンです

2 ゲームライクなシューティングでブロックショットにチャレンジしてみましょう

ボールマンがシュート体勢に入ります

ボールマン側の手（右手）をのばします

相手の身体にふれず、ボールだけにさわります

ブロックショットでチームを勢いに乗せることができます

指導法

「リズムハイタッチ」でブロックのタイミングをつかむ

二人で並走しながらジャンプし、両手を合わせてみましょう。これは「リズムハイタッチ」というコーディネーショントレーニング（117ページ）で、ブロックショットのタイミングをつかむのにうってつけです。ジャンプの際に二人の身体がぶつからないこと。「1歩目を外側の足、2歩目を内側の足でハイタッチ」「1歩目を内側の足、2歩目を外側の足でハイタッチ」などいろいろなタイミングで行ってみてください。

第6章 ディフェンスで活躍する

こまりごと　リバウンドが取れない

リバウンドは気持ちが9割！

リバウンドは「気持ち9割、予測1割」と言われています。どんなにジャンプが高く跳べても、ぶつかり合いに強くても「絶対に取る！」という気持ちがなければリバウンドを取ることができません。あとはシュートの打つ場所や軌道を読み、落下地点を予測することも重要です。ここではリバウンドの流れのみ確認しておきます。

ボックスアウト	相手をゴールに近づかせないようにコンタクトします
ジャンプ	最高到達地点でボールを取れるタイミングでジャンプします
ハンドリング	高さを出すなら片手、確実に取るなら両手です
キャッチ	相手に触られないようにがっちりとキャッチします
着地	相手に取られないように、低い姿勢でキープします
アウトレットパス	相手からボールをガードしながらチームメイトにパスするか、自分でドリブルするか適切に選択しましょう！

第7章 身体の使い方を向上する

第 **7** 章　身体の使い方を向上する

思った通りに身体を動かすために

ジョイント・バイ・ジョイントと体幹刺激

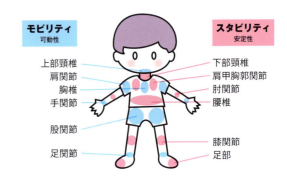

　ここまで紹介してきたバスケットボールの基本練習はとても楽しいものです。自分に必要となる練習を日々反復練習で重ねることによって、プレーのレベルアップをはかることができます。ただ、スキル練習ばかり行っても身体を正しく動かせなかったり使うことができないと、「自分はこんなふうに動いている」と思っても、実際は違う動きをしている可能性があります。そういったずれを無くしていくことで、技術習得のスピードを早めることができたり、とっさにディフェンスをかわせるようになってきます。

　右の図を見てください。人の身体は各部位の関節によってつながっています。身体の関節は足先から頭まで「動きやすい方がよい部位」（図：モビリティ）と「動きにくい方がよい部位」（図：スタビリティ）が交互に並んでいます。例えば、胸椎（胸まわりや肋骨）、腰椎（お腹まわりや腰）、股関節（足の付け根）の部分を見ると、胸椎や股関節は「動きやすい方がよい」、腰椎は「動きにくい方がよい」部位です。それなのにバスケットボールでダッシュをしたり、リバウンドをする度に腰椎が過剰に動き過ぎてしまうと、足や腕が力強く動かすことができなくなってしまったり、腰に負担がかかり腰痛の原因になってしまうのです。

　そして体幹刺激のトレーニングで、股関節から肩までの体幹部分に刺激を送ると、脳からの指令が伝わりやすくなり、腕や足をスムーズに動かせるようになります。この最終章では適切な体幹刺激を送ることができるような練習メニューを紹介していきましょう。

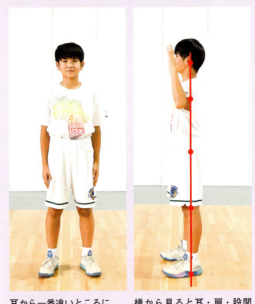

正しい姿勢になっているかチェックしてみよう

耳から一番遠いところに肩を固定することを意識して立ちます

横から見ると耳・肩・股関節・ひざ・外くるぶしがまっすぐのラインになります

116

コーディネーショントレーニングとは

「身体の使い方」が上手になるのに効果的な練習としてさらにお勧めしたいのが「コーディネーショントレーニング」です。自分の身体を思った通りに動かす能力、すなわち「運動能力」を向上させるのにうってつけです。

ただしそのメニュー数は豊富で、本書ではその一部しか紹介できませんが、全体の分類としては右図のようになっています。

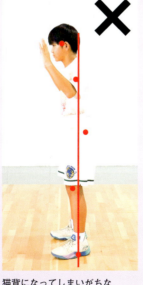

NG

おなかが出て身体のラインが曲がっています

猫背になってしまいがちな選手が多いです

・バランス能力
・反応能力(リアクション)
・リズム能力
・定位能力(オリエンテーション)
・識別能力(ディファレンシング)
・連結能力(カップリング)
・変換能力(アダプタビリティ)

コーディネーショントレーニングの中で運動に適切な負荷をかけることによって、脳を刺激することができます。この刺激が体幹を経由して四肢に伝えられるようになることが身体の使い方の向上につながるわけです。

117

第7章 身体の使い方を向上する

ドリル① ベアの姿勢

上肢を安定させる目的で行う姿勢作りです。ベア（熊）の姿勢をとり、肩の下に手を持ってきて、両足の母指球でフロアをとらえます。股関節を意識しておなかが下がったり、お尻が上がったりしないよう、肩からお尻までを一直線にキープできるようにしましょう。

発展ドリル

前進

後退

ドリル② ボール転がしストップ

ボールを転がして決められたライン上に達した瞬間、頭で止めるドリルです。体幹刺激を行いながら、ボールの転がるスピードに合わせて自分の身体を移動させオリエンテーション能力の向上を目指します。

ドリル③ キャット&ドッグ

背骨や胸椎回りの動きを高めるドリルです。背中をふくらませる動きとしぼめる動きを繰り返しましょう。

ドリル④ 胸椎の動きを高めるストレッチ

肩関節、背骨、胸椎の動きを高めるストレッチです。二人組で写真のように手が届く距離でひざをつき、おへそは下を向いたまま、外側の手を内側の手の下を通し遠くへ伸ばします。この時、視線も一緒に持っていきましょう。

ドリル⑤ 足上げボールタッチ

一人が腕立てふせの姿勢をとり、パートナーが動かすボールに合わせて足をのばしていきます。股関節まわりの筋肉に刺激を送り、股関節の動きの向上を目指します。日常生活では動かさない方向にもアプローチできます。

第7章 身体の使い方を向上する

ドリル⑥ バランス回転シュート

オリエンテーション能力のバランスを鍛えるドリルです。実際の試合で相手にマークされている場合、普段の練習のように楽にシュートが打てるとは限りません。そこでバランスが崩れる状況を練習で設定して、シュートを決めきる調整力を高めていきましょう。

90度
90度、身体の向きを変えてから元に戻りシュートを打ちます

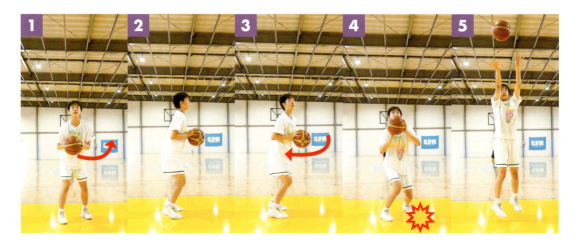

180度
180度、身体の向きを変えてから元に戻りシュートを打ちます

1回転 身体を1回転させてからシュートを打ちます

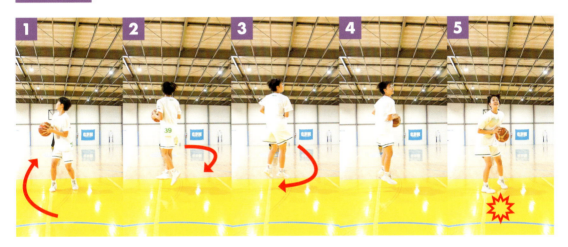

2回転 身体を1回転させてから、逆回りでもう一回転してシュートを打ちます

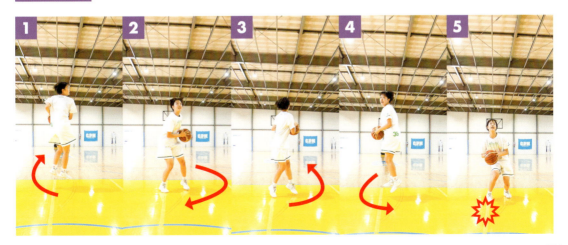

第7章 身体の使い方を向上する

ドリル⑦ カップリング

　上半身の動きと下半身の動きを連動させる「カップリング」のドリルです。いろいろなメニューがあるのですが、基本メニューとしては、1回目はその場ドリブル、2回目はフロントチェンジのリズムで動かします。同時に両足でグー（閉じた状態）、グー（閉じた状態）、パー（開いた状態）と「1、2、3」のリズムでジャンプします。このカッ

ボールを つく位置	右	中	左	中
	1	2	3	4
両足の 状態	グー	グー	パー	グー

発展ドリル

**ボールなしで
カップリングジャンプ！**

　ボールを使えない練習日などは、二人組で両手、両足のリズムを合わせるようなカップリングのドリルもあります。足はグーグーパー（3のリズム）、手は拍手、ハイタッチ（2のリズム）のようにすると失敗した時がわかりやすいです。難しければ最初は足をグーパーの2のリズムに変えてみたり、簡単になってきたら足と手のリズムを入れかえてみたり、足をグーチョキパーにしてみたり工夫してみてください。

プリング能力が不足してしまうと、ディフェンスのフットワークを踏みながらポインティングが上手くできなかったり、ドリブルをしながらリズムの違うステップが思うように踏めなくなってしまいます。日常生活では手と足のリズムを変えることに意識を向けないのでこういったドリルで身体を賢くしていきましょう。

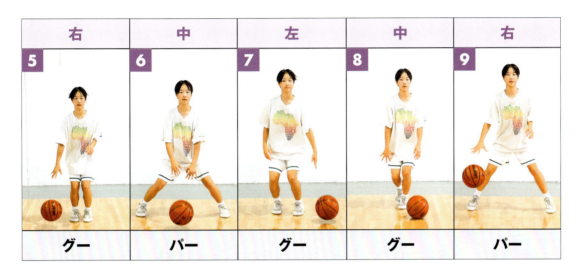

右	中	左	中	右
5	6	7	8	9
グー	パー	グー	グー	パー

発展ドリル
**難しい技にも
チャレンジ!!**

上の基本メニューの中で、ボールがつく位置が「中」、両足が「パー」になった時、両足の間につくことでレッグスルーを組み込む形になります。

あとがき
こまった時が成長のチャンス

　本書では、「こまりごと」を出発点に、皆さんにバスケットボール選手として成長するためのヒントを提示してきました。

　バスケットボールは自分たちがやりたいスキルをそのまま実行することができないスポーツです。相手がいて、その相手はこちらのプレーを妨害してきます。そのため、たくさんの「こまりごと」にぶつかるのです。

　ただ、その時に大事にして欲しいのは、その「こまりごと」こそが成長の種になるということです。その「こまりごと」を解決しようと努力することで、選手としても人としても成長していけるのです。

　最後に本書で紹介したバスケットボールのスキルや練習を図（右の図）のようにまとめました。

　シュート、ドリブル、パスといったバスケットボールのスキルの試合での成功は、スピードやパワーといった「パフォーマンス」の上に成り立っています。つまり下の項目をしっかりと鍛えることで、スキルの質が変わってくるということです。そしてそれらすべての土台となっているのが最終章で紹介した（身体の使い方（動き））です。

　バスケットボールにおけるあらゆることの基礎は、「自分の身体」です。この土台が未熟なことが、「こまりごと」を解決する足かせになってしまうのです。

　普段から、姿勢や生活習慣、身体の使い方にまで意識をもって成長していってください。

125

ERUTLUC オススメ 自主練習 検定カード

自宅でできる検定トレーニング

横の表は ERUTLUC でおすすめしている自主練習メニューです。「movemento cheklist」は常にできて欲しい動きを表し、体幹・股関節から左の表は難易度別に項目が分かれています。1級に近づくほど難しい内容になっています。みなさんも、ぜひ行ってみてください！

自宅でバスケの検定が受けられる！

この QR CODE は ERUTLUC がお手伝いしている有料自主練習サイト「SUFU」のホームページです。このサイトの「オンライン検定」のページは実際にお手本動画を見ながら自分でやっているところを撮影して投稿してもらうと合否判定をもらうことができます！
お家の人と相談をしてみてくださいね。

見本の動画を見ながら練習
↓
動画を撮影して投稿
↓
検定結果を確認する

「SUFU」サイトはこちら！

Movement cheklist	
立位腕上げ	
片足膝上げスタンス	
上 肢	
プランク　姿勢維持	
ローテーショナルプランク	
プッシュアップ	
下 肢	
ヒンジ	
両側	
片足デッドリフト	
エアプレーン→ローテーション	
スクワット	
両側	
スプリットスクワット	
片足スクワット	
ラテラルスクワット	
クロスオーバースクワット	
ローテーショナルスクワット	
SKB（Small Knee Bend）	
両側	
片足 SKB	
片足 SKB ローテーション	

体幹・股関節		
1級	ギャノンプッシュアップ 4 ポール　3回	
2級	体幹／ボールの上で一周（両足・1ボール）	
	体幹／横向き 片足・1ボール 10秒間	
3級	体幹／上向き 片足・1ボール 左右開脚5回	
	体幹／下向き 片足・1ボール 左右開脚5回	
4級	股関節／左右開脚 ボールチェック	
	体幹／下向き 両足・2ボール 10秒間	
5級	股関節／左右開脚 サークル	
	体幹／横向き 片手・1ボール 10秒間	
	体幹／上向き 両足・1ボール 10秒間	
6級	股関節／前後開脚肘着き	
	体幹／下向き 両足・1ボール 10秒間	
	体幹／下向き 両手・1ボール 10秒間	
7級	体幹／テーブル 10秒間	

		カップリングスキップ		
1級		ボール回しが2周とスキップが1・1,2・1,2,3 のリズム		
		ボール回しが1・1,2・1,2,3 とスキップが2のリズム		
2級		拍手が2のリズムとスキップが1・1,2・1,2,3 のリズム		
		拍手が1・1,2・1,2,3 とスキップが2のリズム		
3級		ボール2周とスキップが3のリズム		
		ボール3周とスキップが2のリズム		
4級		拍手が2のリズム・スキップが3のリズム		
		拍手が3のリズム・スキップが2のリズム		
5級		ボール2周とスキップが2のリズム		
		ボール回しとスキップ		
6級		拍手が「前・頭・お尻」のリズム・スキップが2のリズム		
7級		拍手が1のリズム・スキップが2のリズム		
		拍手が2のリズム・スキップが1のリズム		

		テニスボールドリブル（壁当て）	右	左
1級		Wフロント ⇒ レッグスルー ⇒ バック 右3回・左3回		
2級		フロント ⇒ レッグスルー ⇒ バック 左右交互6回		
3級		Wバックチェンジ　　右3回・左3回		
		Wレッグスルー　　右3回・左3回		
4級		バックチェンジ　　左右交互6回		
		レッグスルー　　左右交互6回		
5級		Wフロントチェンジ　　右3回・左3回		
6級		フロントチェンジ　　左右交互6回		
7級		その場でつかむ　　右3回・左3回		

		コーディネーションレイアップ		
	レイヤー1：ノーマル		右	左
1級		ボールを周回させながら自分も回って足の間を通す		
2級		ボールを周回させてから足の間を通す		
3級		ボールを周回させながらワンステップ		
4級		背後から浮かしたボールをキャッチ（肩越し）		
5級		ボールを周回させながら自分も回る		
6級		お腹の周りでボールを周回させる		
7級		ボールを持ったまま自分が回る		

		コーディネーションレイアップ		
	レイヤー2：ツーボール		右	左
1級		ツーボール投げ上げ回転キャッチ		
2級		ワンボール投げ上げ回転キャッチ		
3級		左右のリズムを変えるミスリズムドリブル		
4級		背後から浮かしたボールをキャッチ（肩越し）		
5級		投げ上げ交換		
6級		ボールを持ったまま自分が回る		
7級		片手のボールをシュート		

		コーディネーションレイアップ		
	レイヤー3：スキップ		右	左
1級		ボールを周回させながら自分も回って足の間を通す		
2級		ボールを周回させてから足の間を通す		
3級		背後から浮かしたボールをキャッチ（肩越し）		
4級		ボールを周回させながら自分も回る		
5級		お腹の周りでボールを周回させる		
6級		ボールを持ったまま自分が回る		
7級		ランニングステップからシュート		

		コーディネーションレイアップ		
	レイヤー4：パスキャッチ		右	左
1級		ボールを周回させながら自分も回って足の間を通す		
2級		ボールを周回させてから足の間を通す		
3級		ボールを周回させながらワンステップ		
4級		背後から浮かしたボールをキャッチ（肩越し）		
5級		ボールを周回させながら自分も回る		
6級		お腹の周りでボールを周回させる		
7級		ボールを持ったまま自分が回る		

監 修

鈴木 良和（すずき よしかず）
ERUTLUC代表取締役

1979年生まれ、茨城県出身。2002年に「バスケットボールの家庭教師」の活動を開始。小、中学生を中心に幼稚園児から高校生まで幅広く普及・強化に携わってきた。「なりうる最高の自分を目指そう」を理念にコーチングの専門家として活動を展開。バスケットボール女子日本代表スタッフを兼務する

諸橋 幸恵（もろはし さちえ）
ERUTLUC指導員

埼玉県出身。小学校の時にバスケットボールを始め、ERUTLUCの指導を受ける。大学入学後、ERUTLUCの指導員に。コート上の技術指導だけでなく、バスケットボールの普及活動にも力を注ぐ。「自ら考えて行動できる選手を育てたい」を理念に掲げ指導を行っている

監 修 協 力

水野 慎士（みずの しんじ）
ERUTLUC指導員

1981年生まれ、愛知県出身。大学在学時、ミニバスケットボールを指導していた時期に監修者である鈴木氏と出会う。以来、ERUTLUCの指導員として活動。コート上の技術指導のみならず、アンダー世代の日本代表チームスタッフなども務める

撮影協力
HOOPS 4 HOPE

電波社

**必ずうまくなる!!
バスケットボール
基本と練習法**

2024年11月28日発行

※本書はコスミック出版刊
「必ずうまくなるバスケットボール 基本と練習法」
（発行日：2024年1月11日）を再編集したものです。

監　修	鈴木良和　諸橋幸恵
編集人	横田 祐輔
発行人	杉原 葉子
発行所	株式会社電波社
	〒154-0002　東京都世田谷区下馬6-15-4
代表	TEL：03-3418-4620
	FAX：03-3421-7170

振替口座 00130-8-76758
URL:https://www.rc-tech.co.jp/

印刷・製本　大日本印刷株式会社

Creative Staff
編　集	渡邉淳二
	柳澤壮人（コスミック出版）
撮　影	三原充史（38PHOTO）
デザイン・DTP	伊藤清夏（コスミック出版）

乱丁・落丁本は、小社へ直接お送りください。
送料小社負担にてお取替えいたします。
※本文中の記事・写真などの転載を一切禁じます。
ISBN 978-4-86490-278-6　C0075
© 2024 ERUTLUC/DENPA-SHA Co.,LTD.
Printed in Japan